SOLFÈGE

COMPLET

Théorique et Pratique

à l'usage

des Collèges, Séminaires, Pensionnats et Écoles.

DE

l'Allemagne la Belgique la Hollande et la France

PAR

A.A. LAROCHE

Prix net: 1f 25

à Paris, chez RICHAULT, éditeur Boulev.d Poissonnière, 26. au 1er
1819 R

1859

THÉORIE:

CHAPITRE 1?

La musique est produite par l'audition de sons musicaux.

Elle s'écrit avec différens signes qu'on appelle **NOTES**.

Les notes sont au nombre de sept. **Do, Ré, Mi, Fa, Sol, La, Si.** leur assemblage dans cet ordre s'appelle **GAMME**.

Il y a aussi des signes qui indiquent quand le chanteur ou l'éxécutant doit se taire, on les nomme **SILENCES**.

Un assemblage de cinq lignes qu'on appelle **PORTÉE** sert à écrire ces différents signe, les notes se placent sur et entre les lignes.

Il doit se trouver au commencement de chaque portée un signe qu'on appelle **CLEF**

Il y en a 3 espèces. celle que nous étudierons en premier s'appelle clef de Sol Voici sa forme 𝄞 . Chaque clef donne son nom à la ligne sur laquelle on la pose et comme celle ci se pose sur la 2me ligne il s'ensuit que toute note posée sur cette ligne portera le nom de Sol.

Quand on connait l'enchainement des sept notes qui forment la Gamme, il est facile avec cette seule note de trouver la place de toutes les autres.

Chaque note pouvant avoir un durée plus ou moins longue, on a du pour regler ces différentes valeurs inventer la **MESURE**.

Il y en a plusieurs especes qui toutes se forment de divers mouvemens égaux qu'on appelle **TEMPS**.

La première s'appelle mesure a **QUATRE TEMPS** parce qu'elle est composée de quatre mouvements. Le premier en bas, le second à gauche, le 3e à droite et le 4e en haut. Ex: 2⎯3 elle s'indique par un grand **C** au commencement de la portée ou un **4**.

Des petites barres appellées **BARRES DE MESURE** séparent chaque mesure de musique, celles qui sont a la fin d'un morceau marquées plus grosses et doubles s'appellent barres **FINALES** ou de **SÉPARATION**.

THÉORIE ET PRATIQUE CHAP: 2.

La premiere éspece de note et par conséquent la plus longue s'appelle **RONDE**. a cause de sa forme o elle dure pendant quatre temps (une mesure entière.)

Le premier silence s'appelle **PAUSE**, dure aussi quatre temps c'est un carré long, placé sous la ligne. Ex:

3° Entre chaque note de la gamme, comme de Do a Ré. La voix a une dista
à franchir cette distance s'appelle **INTERVALLE**: il y en a de 2 espèces le
plus grands ont **UN TON**, les autres un **DEMI TON**.

4° Sur les sept intervalles que comprend la gamme, il y en a cinq grands et deu
petits, ces deux derniers doivent se trouver le 1.er de la 3.e à la 4.e note le 2.e
la 7.e à la 8.e note d'une gamme quelconque.

A ces deux intervalle la voix franchit un intervalle moitié moins grand que ce
des cinq autres qui ont un ton entier de distance.

5° J'ai dit d'une **GAMME QUELCONQUE** parce que: dès qu'il y a un assemblage
sept notes dans l'ordre naturel il y a **GAMME**, que la première commence p
Ut ou par une de 6 autres notes. Ex: Sol, La, Si, Do, Ré, Mi, Fa. où Ré, Mi
Sol, La, Si, Do, etc.

6° Comme il reste encor sur la portée des lignes vides on continue pour les emp
a poursuivre l'ordre de la gamme ainsi qu'il précède. Quand la voix peut s'él
ou descendre à des notes qui rendent la portée insuffisante, on ajoute au d
-sus de celle ci des lignes aditionels.

Ex:

Il y a 3 manières différentes d'émettre un son. 1.° en le **SOLFIANT.**(solfier)
à dire en lui donnant le nom qu'il occupe dans la gamme comme Ut ou Sol,
etc. 2.° en le **VOCALISANT**(vocaliser) c'est à dire émettre tous les différens sons
la gamme sur la voyelle a. 3.° en **CHANTANT** (chanter) ce qui signifie mettre des
-roles correspondant a la musique, les deux dernieres manières étant du domain
chant et non du solfège nous ne travaillerons ici que la première.

RONDES et PAUSES.

Solmisation.

a solfier 1.°

LECTURE RITHMIQUE.

7° Cette lecture consiste a nommer les notes en battant la mesure mais sans én
-sion de voix (En parlant) Le professeur peut faire écrire sur un tableau noir ou
une ardoise d'autres exercices dans le genre de celui ci.

Lecture Rithmique.

CHAPITRE 3.

Blanches et Demi Pause.

La seconde figure de note s'appelle **BLANCHE**($\circ$) (la barre peut être indistinctement au dessus où au dessous.) Cette note ne vaut que 2 Temps (moitié moins que la Ronde) il en faut deux pour former une mesure à 4 Temps.

Le second silence s'appelle **DEMI PAUSE** c'est le même signe que celui de la pause mais placé sur la ligne (v. l'Ex:) il vaut 2 Temps (moitié moins que la pause.)

CHAPITRE 4.

Noire et Soupir.

La troisième espece de note s'appelle **NOIRE**(Ex: où) elle ne vaut qu'un Temps (moitié moins que la blanche) il en faut quatre pour former une mesure à 4 Temps.

Le troisième silence s'appelle **SOUPIR** sa forme est celle du chiffre 7 à l'envers Ex:) il vaut un Temps (moitié moins que la demi pause) Ex:

CHAPITRE 5.

Croche et Demi Soupir.

La quatrieme figure de note s'appelle **CROCHE**(Ex: où) ne vaut qu'un demi Temps (moitié moins que la noire) il en faut 8 pour former une mesure à 4 temps.

4

(Abréviation quand il y en a plusieurs desuite ♪♪♪♪ au lieu de ♪♪♪♪.)

Le quatrième silence s'appelle **DEMI SOUPIR** sa forme est celle du chiffre 7(ne vaut qu'un demi Temps(moitié moins qu'un soupir)il est généralement suivi d croche) Ex:

CHAPITRE 6.

Intervalles.

Entre deux notes différentes la voix a une distance a franchir: Cette distan s'appélle **INTERVALLE** il y en a sept dans la Gamme naturelle

Le premier s'appelle Intervalle de **SECONDE** parce qu'il est formé de deux l'une près de l'autre ainsi do-ré, fa-sol, mi-fa, sont des intervalles de seconde

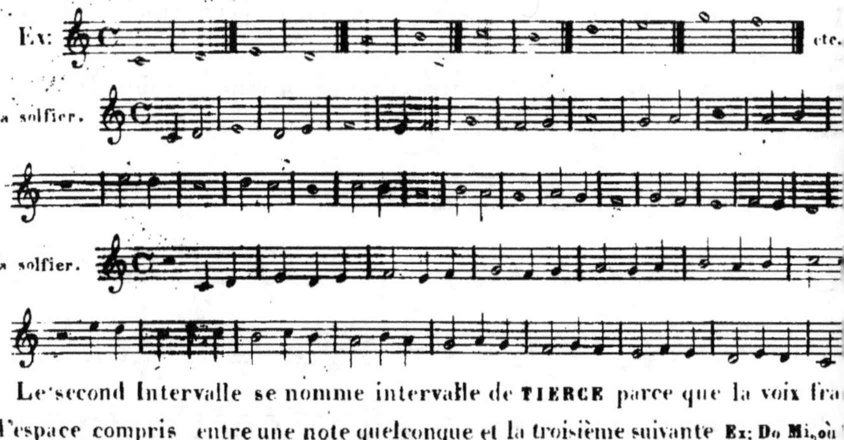

Le second Intervalle se nomme intervalle de **TIERCE** parce que la voix fra l'espace compris entre une note quelconque et la troisième suivante Ex: Do Mi, où

Le 3.e Intervalle se nomme intervalle de QUARTE parce que la voix franchit une
stance de quatre notes comme Do-Fa, où Mi-La, etc.

Le 4.e Intervalle se nomme intervalle de QUINTE Ex: Do-Sol, où Mi-Si, etc.

Le 5.e Intervalle s'appelle intervalle de SIXTE Ex: Do-La, Mi-Do, etc.

Le 6.ᵉ Intervalle s'appelle intervalle de **SEPTIEME** Ex: **Do-Si**, **Mi-Ré**, etc.

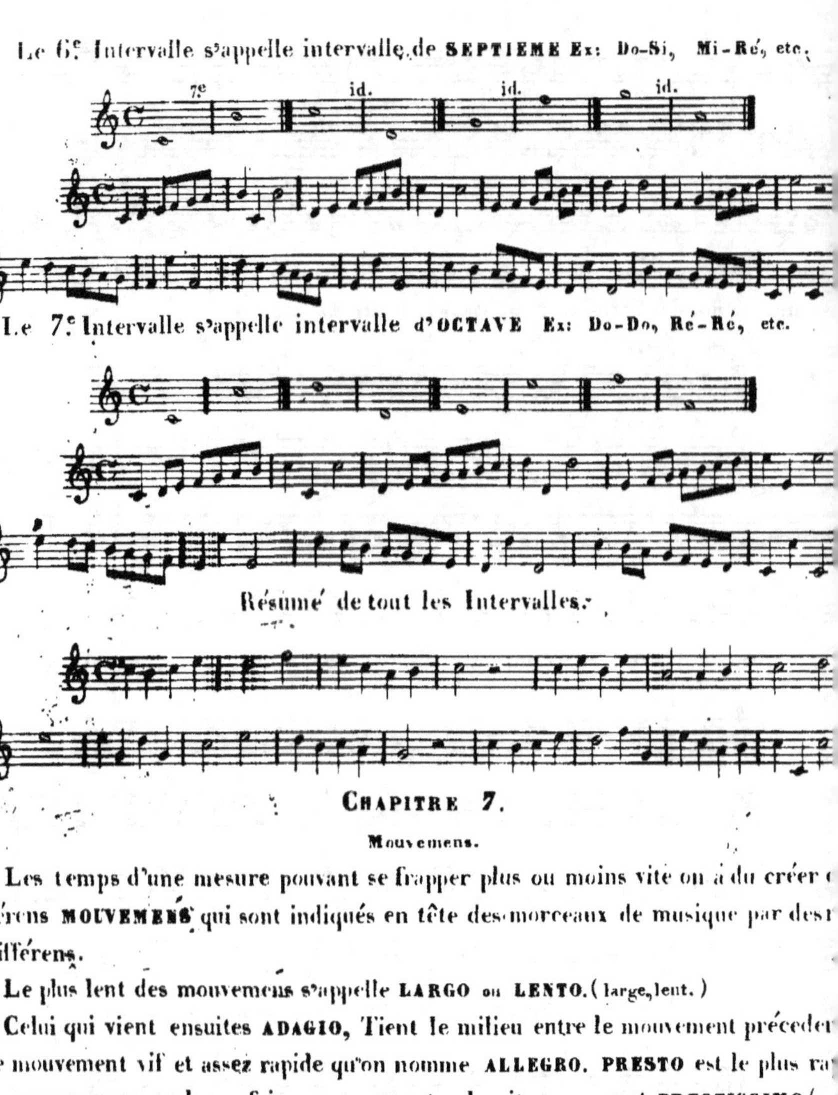

Le 7.ᵉ Intervalle s'appelle intervalle d'**OCTAVE** Ex: **Do-Do**, **Ré-Ré**, etc.

Résumé de tout les Intervalles.

CHAPITRE 7.

Mouvemens.

Les temps d'une mesure pouvant se frapper plus ou moins vite on a dû créer différens **MOUVEMENS** qui sont indiqués en tête des morceaux de musique par des termes différens.

Le plus lent des mouvemens s'appelle **LARGO** ou **LENTO**. (large, lent.)

Celui qui vient ensuites **ADAGIO**, Tient le milieu entre le mouvement précédent et le mouvement vif et assez rapide qu'on nomme **ALLEGRO. PRESTO** est le plus rapide des mouvemens, quelques fois pour augmenter la vitesse on met **PRESTISSIMO.** (superlatif de presto)

Les compositeurs modernes ont inventés une si grande quantité de mouvemens plus ou moins rapprochés de ceux ci: que je me fais un cas de conscience de ne pas charger la mémoire des élèves.   Solfier l'exercice suivant dans les 4 mouvemens indiqués ci-dessus.

Remarque) Le D.C. qui se trouve à la fin de la deuxième ligne est l'abreviation
ces mots italiens **DA CAPO** qui veulent dire du commencement (de la tête) Il faut
ne recommencer desuite et ne s'arrêter qu'au mot fin.

Voyez les exercices suivant dans les 4 mouvemens.

CHAPITRE 8.

Accidents

Becarre et Dièze.

Un **DIÈZE** est un signe de convention qui hausse d'un demi ton la note devant la
elle il est placé (Ex: ♯♩) Il n'a de valeur que dans la mesure ou il se trouve.
Le **BÉCARE** ainsi formé ♮ détruit l'effet du dièze.

BÉMOL BÉCARRE.

Le **BÉMOL.**(♭) baisse d'un demi ton la note devant laquelle il est placé(Ex:

Le **BÉCARRE** détruit l'effet du bémol en remettant la note baissée dans le ton naturel.

Le bémol n'est valable que dans la mesure ou il est placé.

Nota.) Il y à des **DOUBLES DIEZES** (𝄪) et des **DOUBLES BÉMOLS** (♭♭) les premiers élèvent d'un ton la note qui les suit les second la baissent d'un ton.

Une gamme en demi tons s'appelle **CHROMATIQUE** celle que nous connaissons DIATONIQUE.

CHAPITRE 9.

Point, et Point d'Orgue.

Le **POINT** après une note (Ex 𝅗𝅥.) augmente celle ci de la moitié de sa valeur. Ainsi une 𝅝. vaudra 6 temps une 𝅗𝅥. vaudra 3 temps une 𝅘𝅥. vaudra un temps et demi etc. (1)

Le point d'Orgue ⌢ prolonge indéfiniment la note sur laquelle il est placé.

Le professeur devra faire solfier toutes les leçons dans les différens mouvemens c'est pourquoi aucun n'est indiqué en tête de ces mêmes exercices.

(1) Quand il y a 2 point desuite le second ne vaut que la moitié du premier Ex: 𝅝.. vaut 7 temps.

CHAPITRE 10.

Crescendo et Decrescendo.

Ces deux mots s'indiquent quelques fois en toutes lettres: mais plus souvent e[n]
par ces deux signes Cres.———— Decres.————— Ils ont pour but de donner plus [ou]
moins de force a la voix, qui doit s'enfler où se diminuer a mesure que les li[g]
s'écartent ou se rapprochent. Souvent de ces deux signes on n'en fait qu'un seul Ex[.]

PIANO et FORTE.

Le premiers de ces deux mots dont l'abreviation est(*p.*) signifie doux (presque [à demi]
voix.) son superlatif **PIANISSIMO** s'indiqué avec deux(*pp*)(plus doux encore que [la demi]
FORTÉ signifie fort (pleine voix) **FORTISSIMO** très fort. leurs abréviations s[ont]
f. pour forté et deux *ff* pour fortissimo.

SYNCOPE LIAISON.

Ces deux mots correspondent a un même signe(Ex: ————) qui s'emploie de [deux]
manières. La **SYNCOPE** va d'une note quelconque a une autre note synonyme[s]

Elle a pour but d'éviter la répétiton de **NOM** de la seconde note qui contin[ue a]
être chantée. Ainsi deux blanches syncopées équivallent a une Ronde Ex: ♭†
La **LIAISON** s'emploie indiféremment sur toute espece de note elle indique s[eu-]
lement de ne pas prendre respiration entre les notes qu'elle lie.

REPRISES. RENVOIS.

Ces deux mots ont la même signification et indiquent différens signes de co[rrec-]
tion, qui renvoient l'éxécutant à d'autres signes semblables qui doivent se trou[ver]
dans le courant du morceau.

DIFFÉRENTES FORMES DE REPRISES.

CHAPITRE 11.

Contretemps.

La syncope produit le **CONTRETEMPS**. on appelle ainsi les notes qui au lieu de se frapper sur chaque temps de la mesure se frappent entre chacun de ces temps.

Pour bien faire l'exercice des contretemps il faut d'abord le solfier avec les syncopes en appuyant sur la seconde note syncopée comme si elle ne l'était pas.

CHAPITRE 12.

Ton du Morceau.

Les dièzes ou les bémols qui se trouvent a la clef forment ce qu'on appelle **ARMURE DE LA CLEF**. c'est à l'aide de l'armure qu'on trouve le ton dans lequel on est.

Une gamme portant en elle les élémens d'un morceau de musique chaque gamme doit naturellement donner son nom au morceau auquel elle sert de base. aussi la première note d'une gamme s'appelle-t-elle **TONIQUE** (note du ton)

Il y a dans chaque gamme sept intervalles, dont cinq grands et deux petits ces deux derniers sont placés, le premier de la 3ᵉ à la 4ᵉ. Note le second de la 7ᵉ à la 8ᵉ. Note de la gamme et comprennent un **DEMI TON**, les cinq autres ont **UN TON** entier. Cette disposition se trouvant naturelle dans la gamme d'**UT** l'emploi du dièze ou du bémol est inutile. Mais si nous prenons la gamme de **SOL** nous trouvons un demi ton de la 6ᵉ à la 7ᵉ note ou il faudrait un ton, or ici l'emploi du Dièze devient nécessaire car il faut hausser le Fa d'un demi ton pour que l'in-

tervalle soit exact. Par ce même moyen on obtient entre la 7ᵉ et 8ᵉ note l
demi ton qui n'existait pas.(car de fa à sol il y à un ton entier)

Ainsi le premier Dièze est il # fa parceque c'est le premier et le seul dont on ai
besoin: Ils se succèdent dans l'ordre suivant Fa, Ut, Sol, Ré, La, Mi, Si.

En commençant une autre Gamme par **FA** on trouvera en faisant le raisonne
_ment précèdent que le premier Bémol se place sur le **SI** (♭ Si) qui est la quatri
_me note de cette gamme, et qui a besoin d'être baissé pour que l'intervalle soit
exact.

Les Bémols se succèdent dans l'ordre inverse des Dièzes Si, Mi, La, Ré, Sol, Ut,

MODES.

On appelle mode la manière dont une gamme est construite:(Il y a deux modes
celle que nous connaissons est dans le **MODE MAJEUR**, le mode deviendrait **MINE**
si on baissait la **TIERCE**(Troisième note) d'un demi ton, le reste est absolument sen
_blable à la Gamme majeur (en montant)

On peut être avec la même armure (même nombre de # ou de ♭) dans deux Mode
differens: Bien des artistes savent fort bien distinguer dans lequel des deux, le mo
_ceau est écrit: mais ils seraient bien embarrassés de dire le pourquoi? ce qui fait
leur calcul un moyen purement Mécanique et sans raisonnément qui peut fort
bien les tromper.

Cette partie: peut être la plus importante pour un Musicien n'ayant jusqu'aprés
été traité à fond dans aucun ouvrage je prie mes lecteurs de bien suivre ce raiso
nement.

TON.

Principal et Relatif.

(Règle générale) Il faut toujours qu'il y ait un demi ton de la 7ᵉ à la 8ᵉ note d'une
Gamme c'est cette règle qui établit le système de **TONALITÉ**.

Nous avons dit plus haut qu'un morceau pouvait être basé sur deux modes di
_férens sans que l'armure change de forme. Le premier de ces modes le **MAJEU**
prend ici le nom de **TON PRINCIPAL** le second le mode **MINEUR** celui de TO
RELATIF. ce dernier se trouve une tierce plus bas que le premier or en suppo
_sant un morceau en **UT MAJEUR** son relatif sera **LA MINEUR**: le difficile est d
de savoir dans lequel de ces deux tons est écrit le morceau (le voici:

Quand il y a des Dièzes à la Clef le dernier de ces dièzes devant être la **SEN**
_**BLE** du ton (Septieme note) en montant d'une note nous trouverons évidemmen
la **TONIQUE**(Note du ton) du ton **MAJEUR** ce qui nous fait connaître en même te
le relatif **MINEUR**: Comme il est évident que si on n'est pas dans l'un de ces mo
on est dans l'autre nous prendrons le ton Mineur comme point de départ. Je su

e deux Dièzes à la Clef. Fa # et Ut # par conséquent avec le raisonnement
essus on doit être en **RÉ MAJEUR** où en **SI MINEUR** relatif du précédent.
r être en **SI MINEUR**, il faudrait que de la 7.e à la 8.e note de cette gamme(La Si)
eut qu'un demi ton: or il est évident qu'avec les seuls Dièzes sont à la Clef on
peut être en Si mineur car de La à Si Il y a un ton entier. Que faudrait-il donc
r être en **SI MINEUR**? Il faudrait un Dièze devant le le **LA** pour former le
ni ton qui n'éxiste pas de la 7.e à la 8.e note de cette gamme. C'est cet acci_
t (completement étranger à la gamme de **RÉ MAJEUR**)qui rencontré dans
premieres mesure du morceau indique clairement qu'on est dans le ton mineur
n est de même pour tous les tons qui ont des Dièzes pour armure à la Clef.
Quand il y a des Bemols à la Clef le raisonnement cet absolument le même si ce
st cependant que le **TON PRINCIPAL** se trouve cinq notes au dessus où quatre
dessous du dernier Bémol. Ainsi avec 3 Bémols à la Clef(Si ♭, Mi ♭, La ♭.)
serait en **MI ♭** Majeur ou en **UT MINEUR** (Je dis **MI ♭** parceque les acci_
ns(1)(Dièzes où ♭) frappant les notes qu'ils représentent pendant tout le cours du
rceau, or tous les **MI** devant etre **BEMOLISÉS** je dis **MI ♭** Majeur)Pour être
UT MINEUR. Il faudrait un demi ton de la 7.e à la 8.e note de cette gamme(Si
) or le ♭ qui se trouve à la Clef établit à cette endroit un ton entier nous ne pou
s donc être ainsi en **UT MINEUR** mais si dans lespremières mesures nous rencon
ns l'accident qui peut hausser le Si d'un demi ton et en faire un Si ♮ (Naturel)
s serions alors evidemment en **UT MINEUR**: Car le Si ♮ ne peut exister dans le
Majeur de **MI ♭** puisqu'il est marqué ♭ à la Clef. Il en est de même pour tous
tons qui ont à la Clef des Bemols pour armure.
Demander aux élèves en quel ton on est avec. (Voyez l'Ex.)

Le moyen mécanique qu'on emploi genralement consiste a regarder la dernière
te du morceau. Ce moyen n'est pas infaïble surtout si le morceau est un chœur

CHAPITRE. 13.

Mesure à 3 Temps.

En supprimant le temps de gauche de la mesure a 4 Temps on obtient celle
3 Temps elle s'indique par le chiffre 3. Ex:
te) Il faut abituer l'élève a bien battre cette mesure avant de commencer l'Ex
ivant.

) qui sont à la Clef.

14

(Nota)(Toutes les règles précédentes pour les valeurs de notes ou de silenc
sont les mêmes pour toutes les mesures.)

En quel ton.

Chapitre 14.

Double Croche Quart de Soupir.

La 5ᵉ figure de note s'appelle **DOUBLE CROCHE** elle vaut moitié moins que
croche. Il en faut quatre dans un Temps et 16 dans une mesure à 4 Temps.

Le silence correspondant à cette note s'appelle **QUART DE SOUPIR** (⅞) vau
quart de temps.

En quel ton.

CHAPITRE 15.

Triples Croches et Demi quart de Soupir.

La 6e figure de notes s'appelle **TRIPLE CROCHE.** elle vaut moitié moins qu'une double croche.Il en faut par conséquent 8 dans un Temps et 32 pour une mesure à 4 Temps.(𝅘𝅥 où 𝅘𝅥𝅰𝅘𝅥𝅰𝅘𝅥𝅰𝅘𝅥𝅰)

Le silence correspondant s'appelle **DEMI QUART DE SOUPIR.**(𝄿)

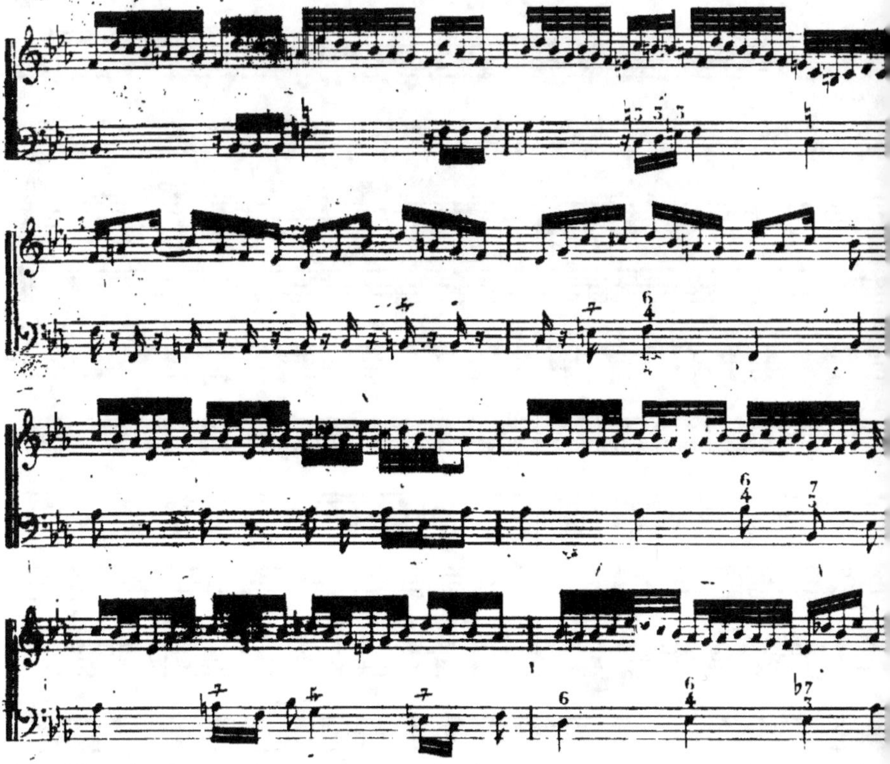

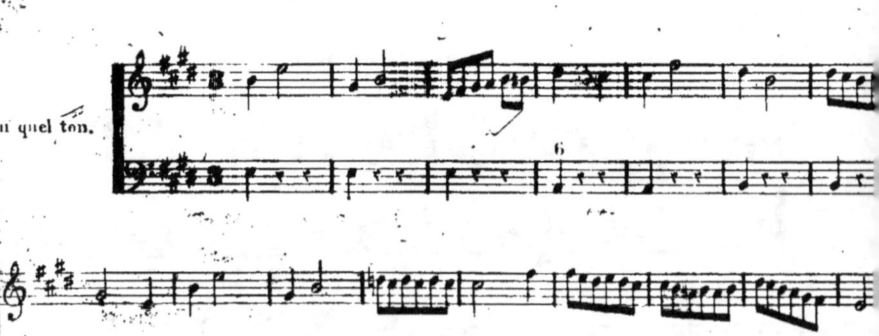

(Nota) De simples croches peuvent se dire (dans un mouvement rapide) plus vite des Triples croches ainsi que le prouve l'exemple suivant tout dépend donc du -vement ce qui fait qu'une page de blanches et de noires est quelquesfois bien p dificile qu'une autre en Triples croches.

En quel ton.

CHAPITRE 16.

Quadruples Croches et Seizième de Soupir.

La 7e espece de notes se nomme **QUADRUPLE CROCHE** où Il en faut pour un Temps par conséquent 64 dans une mesure à 4 Temps.

Le silence équivalent est le **SEIZIEME DE SOUPIR** Ex:( )

Cette figure de note se présente si rarement en musique ou alors le mouvement tellement lent qu'elle est d'aussi facile éxécution que la Double Croche c'est arquoi nous n'en donnons pas d'exemple.

CHAPITRE 17.

Mesure à deux Temps.

En supprimant le Temps de gauche et le Temps de droite de la mesur à 4 mps on obtient la mesure à **DEUX TEMPS** Ex: elle s'indique par un 2 ¢ apres la Clef. —

Après cet exercice il faut reprendre tous les exercices précédent à 4 Temps les solfier en se servant de la mesure à 2 Temps.

CHAPITRE 18.

Triolets.

Par exception on rencontre quelquefois dans les mesures que nous venons
citer l'emploi de 3 Croches sur un Temps au lieu de deux: Dans cette circonsta
la mesure ne devant subir aucun retard ces trois notés qui forment le TRIOLET
xécutent un peu plus vite. Elle sont ordinairement reunies par une liaison sou
laquelle est placé le chiffre 3. Ex: Il peut y avoir plusieurs Triolets
suite

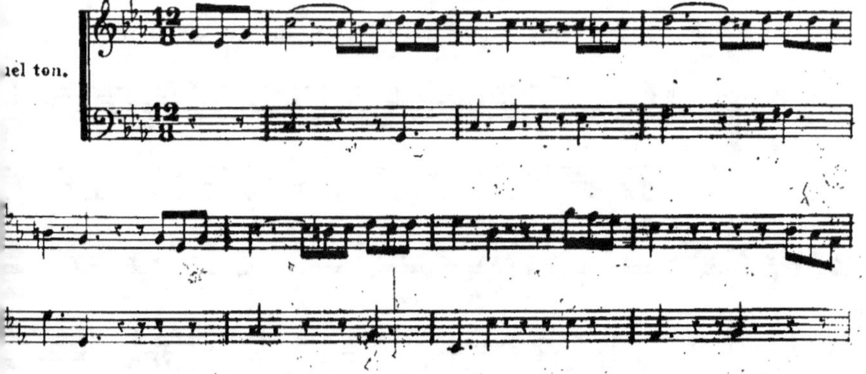

CHAPITRE · 19.

Mesure Composées

y en à 3. la première **DOUZE HUIT** dérive de la mesure à 4 Temps le Trioui sert de base ainsi qu'aux deux autres et d'éxception devient régle générale
s'indique ainsi $\frac{12}{8}$ c'est à dire douze croches au lieu de huit (La mesure à
re Temps formant toutes les autres on la prend toujours pour point de départ.

uel ton.

DÉRIVÉS DE LA MESURE $\frac{12}{8}$

En supposant 3 noires où 5 doubles croches dans chaque temps on ob-
_tient alternativement la mesure à $\frac{12}{4}$ et celle à $\frac{12}{16}$ (douze quarts où 12 sei-
_zièmes de la Ronde.)

(Nota) Faire transcrire aux élèves l'exercice précédent dans ces deux nouvelles
mesures et leur faire solfier

Mesure à NEUF HUIT $\frac{9}{8}$

Dérivée de la mesure à 3 Temps et comme la précédente est formée de T-
lets. Elle s'indique $\frac{9}{8}$ c'est a dire 9 huitièmes d'une Ronde. Ex:

emarque) En supposant 3 **NOIRES** ou 3 **DOUBLE CROCHES** dans chaque temp

aura 1.° la mesure à $\frac{9}{4}$ 2.° $\frac{9}{16}$ (neuf quarts où 9 seizième de Ronde)

aire transcrire aux éleves l'exercice précédent dans ces deux nouvelles mesure

le leur faire solfier.

De même en supposant 3 Rondes ou 3 Blanches ou 3 Croches. Dans une

ure à trois temps. On obtiendra les mesures 1.° à $\frac{3}{1}$ 2.° à $\frac{3}{2}$ et enfin 3.°

$\frac{3}{8}$ (c'est à dire 3 unités ou 3 demis ou 3 huitièmes de ronde.)

aire transcrire les trois leçons sur la mesure à 3 Temps Chap: 13, 14, et 15

s ces 3 mesures et les faire solfier aux éleves.

Mesure à SIX HUIT $\frac{6}{8}$

Elle dérive de la mesure a deux temps et est aussi formée de triolets.(Valeu

3, croches dans chaque temps) se marque $\frac{6}{8}$ c'est à dire 6 huitièmes de ronde.

uel ton.

En supposant 3 noires où 3 Doubles Croches dans chaque temps on ob_tiendra les mesures à $\frac{6}{4}$ et $\frac{6}{16}$ c'est a dire 6 quatre où 6 seiziemes d'u ronde.

Faire transcrire aux éleves l'exercice précedent et le leur faire solfier dans ces nouvelles mesures.

Chapitre 20.

CLEFS.

La seconde forme de Clef s'appelle Clef D'UT Ex: elle donne son nom à la ligne sur laquelle on la place Il y en a 3 d'usitées la première se place su la 1ere ligne la seconde sur la troisième ligne et la dernière sur la 4.e ligne Ex: Voir les gammes dans ces différentes clefs.

La 3e forme de Clef s'appelle **CLEF DE FA** (𝄢:) Il en a qu'une employé elle place sur la 4e ligne.(on se sert souvent pour la transposition de la Clef de Fa r la 5e ligne.

Gammes dans ces deux Clefs.

L'étude de ces différentes Clefs devient extrèmement facile quand on possède rfaitement la Clef de Sol. Aussi pour en faire une étude régulière je conseille x professeurs de faire recommencer dans ces différentes Clefs tous les exercices de Méthode, d'abord en lecture Rytmique puis en solmisation; ayant bien soin d'ac_ mpagner avec la basse écrite sous le chant sans aucune transposition.
Ce moyen en otant à l'éleve la difficulté d'intonation, laisse a son esprit le calme cessaire pour distinguer le nom des notes dans leurs nouvelles positions.
Par ce moyen encore l'éleve seul transpose et comprend ainsi tous les avantages la transposition s'il doit être instrumentiste.
Je ne parle pas ici des notes d'agrément Appogiatures, Grupetti, Trille etc. rce qu'à mon avis elle sont du domaine d'une Méthode de Chant. Je dirai seu_ ment (parceque cela se rencontre souvent dans les chœurs) que le point sur une te Ex: indique qu'elle doit être détachée (en italien **STACCATO**.)

Fin du Solfège.

Imp: Langlet rue Cadet 18.

DÉDICACE.

A Son Altesse Royale l'Infante d'Espagne,

ISABELLE FERNANDE DE BOURBON.

ALTESSE,

Daignez permettre à l'artiste que vous avez encouragé tant de fois de déposer à vos pieds le premier fruit de son travail.

Croyez que pour lui l'honneur sera bien grand : quand acceptant cette Dédicace votre noble nom à la fois symbole de l'honneur et de la bonté protégera son modeste ouvrage.

Alors fier de son appui, il pourra sans trembler braver le sort et peut-être... acquerir le succès.

votre serviteur,

A. A. LAROCHE.

NOTA.

Ce Solfége gravé à la demande de plusieurs instituteurs distingués et bientôt à l'usage de toutes les écoles de l'Allemagne de la Belgique et de la Hollande, est surtout remarquable par son extrême simplicité : aussi son petit format, l'étude facile et agréable qu'il offre aux élèves, le prix même auquel il est réduit toutes ces qualités dis-je l'appellent à prendre place parmi les livres classiques.

1219. R.